Marion Dawidowski

Wir basteln mit
Naturmaterial
Kinderleichte Ideen fürs ganze Jahr

christophorus

Inhalt

Die Natur entdecken

Auf Spaziergängen in der Natur finden sich oft die schönsten Materialien für tolle Bastelarbeiten. Wer mit offenen Augen durch den Wald, am Strand entlang oder über die Wiese läuft, findet viele schöne Dinge: Da liegen Äste und Steine am Wegesrand, Blätter, Kastanien, Eicheln und Nüsse. Jedes Fundstück sieht ein wenig anders aus, mal größer, mal kleiner, mal etwas unförmig.

Zu Hause können die kleinen Schätze dann in einen Schuhkarton als Sammelbox gelegt werden.

Die unterschiedlichen Formen und Oberflächen der Naturmaterialien fördern die Kreativität und Fantasie. Die in diesem Buch vorgestellten Modelle dienen als Vorschlag und Anregung, wie aus den gesammelten Schätzen – zusammen mit ein paar handelsüblichen Bastelmaterialien – schöne Dinge entstehen können. Kinder entwickeln dabei oft ganz eigene Ideen und sollten diese auch umsetzen dürfen.

In diesem Buch finden Sie ausgefallene Ideen rund ums Jahr: Im Frühling flattern bunte Schmetterlinge am Fenster und Waldgeister schmücken die Fensterbank. Im Sommer können die Kinder mit den Schlenkerfiguren spielen und das kleine Aquarium ist auf dem Schreibtisch ein Blickfang. Im Herbst dürfen natürlich lustige Kürbisse nicht fehlen und allerlei Tiere aus Kastanien und Eicheln werden von den Maismännchen bewacht. Wer viel gesammelt hat, kann dann im Winter, wenn es draußen schneit, schönen Adventsschmuck basteln.

Viel Sammlerglück bei schönen Spaziergängen und Spaß beim Basteln wünscht Ihnen

M. Dawidowski

Material & Technik

Sammeln

Nur Pflanzenteile sammeln, die von den Pflanzen im Herbst abgeworfen werden: Blätter, Früchte, Zapfen. Zweige bitte nicht vom Baum reißen, sondern herabgefallene oder solche vom Baumschnitt verwenden. Wer sich nicht ganz sicher ist, welche Beeren giftig oder ungiftig sind, nimmt lieber farbige Holzperlen. Pflanzen, die unter Naturschutz stehen, dürfen nicht verwendet werden.

Trocknen und pressen

Die Blätter ohne Überlappungen zwischen Zeitungspapier legen, mit Büchern beschweren und einige Tage an einem nicht zu warmen Platz trocknen. Zapfen, Früchte und andere Materialien sind meist etwas feucht und werden, auf einer Zeitung ausgebreitet, an einem kühlen Ort getrocknet. Naturmaterial nicht über der Heizung trocknen, denn dann schrumpft es schnell und wird mürbe. Getrocknete Kastanien und Eicheln sind sehr hart und müssen mit einem Nagelbohrer vorgebohrt werden. Wenn sie frisch sind, lassen sie sich dagegen ganz leicht bearbeiten.

Aufbewahren

Zum Aufbewahren die Materialien am besten ausgebreitet in Schuhkartons legen. Die Materialien nicht übereinanderlegen oder in einer Plastiktüte aufbewahren, denn dabei kann sich Schimmel bilden.

Kleben

Vor dem Kleben die Anordnung der Teile ausprobieren. Zum Kleben eignen sich Bastel- oder Alleskleber und Holzleim. Flache Teile mit Wäscheklammern fixieren. Plastische Figuren auf die Arbeitsfläche setzen und mit anderen Materialien abstützen. Arbeiten mit Steinkleber oder Heißkleber sollten von einem Erwachsenen ausgeführt oder beaufsichtigt werden.

Vorlagen

Auf den Vorlagenseiten sind alle Motivteile aus Tonkarton oder Filz in Originalgröße abgebildet. Die meisten Vorlagen werden mehrfach benötigt, deshalb zunächst eine Schablone herstellen. Die Umrisse der Vorlage auf Transparentpapier abpausen, auf einen Tonkartonrest kleben und ausschneiden. Die Schablone auf den Tonkarton oder Filz legen, die Umrisse mit Bleistift nachzeichnen und das Motiv ausschneiden.

Hilfsmittel

Diese Hilfsmittel werden immer gebraucht und sind meist in den Materiallisten nicht extra aufgeführt: Bleistift, wasserfester schwarzer Filzstift, Transparentpapier, Tonkartonreste, Schere, Nagelbohrer (Kastanienbohrer), Klebstoff.

Kleiner Naturführer

1 Schoten und Samen des einjährigen Silberblattes 2 Samen der Rosskastanie 3 Stein des Walnussbaums 4 Fruchthülle der Eichel („Eichelhütchen") 5 Fruchtzäpfchen und Blütenkätzchen der Schwarzerle 6 Kürbis- und Melonensamen 7 Douglasienzapfen 8 Fichtenzapfen 9 Schwarzkiefernzapfen 10 Bergkiefernzapfen 11 Lärchenzapfen 12 Zapfen der Zypresse 13 Fruchthülle der Buche („Bucheckernhütchen") 14 Feuerdornbeeren, je nach Sorte in Orange oder in Rot 15 Hagebutte, Frucht der Heckenrose 16 Fruchthülle der Haselnuss 17 Getrocknete Kelchblätter von Malven 18 Fruchthülle der Lampionblume 19 Schilfrispe 20 Zweigstücke des Blutroten Hartriegels 21 Blatt vom gefiederten Wein 21 Birkenblätter 23 Blätter des Tulpenbaums 24 Feldahornblätter 25 Bergahornblatt 26 Flügelfrüchte des Ahorns 27 Blätter der Felsenbirne 28 Spitzahornblätter 29 Silberahornblatt 30 Purpur-Fächerahornblatt 31 Eichenblatt 32 Blatt und Eichel einer geschlitzten Eiche 33 Kirschbaumblatt 34 Essigbaumblätter 35 Ginkgoblatt

Lustige Hasen

Material

- Tonkarton in Weiß, Hellbraun
- Satinband in Gelb, 10 mm, je 1 m
- Getrocknete Samen (z. B. Leinsamen, rote Linsen, rote Bohnen, Mais, grüne Erbsen, Kürbissamen)
- Astscheiben, ca. 1,5 cm Ø
- Perlen in Orange, 6 mm Ø
- Filzstift in Schwarz
- Gelstift in Weiß

Vorlagen 1 – 3
Seite 56

1 Die Hasenköpfe (Vorlage 1) und je zwei Ohren (Vorlage 2) aus hellbraunem Tonkarton zuschneiden.

2 Nach der Vorlage 3 jeweils die Eier aus weißem Tonkarton anfertigen.

3 Die Augen, die Nase und den Mund auf die Köpfe mit den Stiften malen, die Ohren jeweils auf der Rückseite ankleben.

4 Die Köpfe und die Eier jeweils auf ein gelbes Satinband kleben, in das obere Ende eine kleine Schlaufe knoten.

5 Die Eier Abschnitt für Abschnitt mit Holzleim oder Kleber bestreichen und mit den Samen belegen.

Tipp

Wer es noch bunter mag, fügt farbige Perlen hinzu oder bemalt die Astscheiben sowie die größeren Samen (Kürbis, Bohnen) noch mit Bastelfarbe.

Schmetterlinge

Material

- Tonkarton in Gelb, Orange, Rosa, Rot, Pink
- Zweige, ca. 8 mm Ø
- Gepresste Blüten (z. B. Hortensie, Männertreu, Rosen)
- Gepresste Blätter (z. B. Akazie, Bergahorn)
- Schneckenhäuser
- Gräser
- Nähgarn

Vorlagen 4, 5
Seite 56, 57

1 Für jeden Schmetterling einen Körper (Vorlage 4) und vier Flügelteile (Vorlage 5) aus Tonkarton zuschneiden.

2 Die Flügelteile mit Klebstoff auf dem Körper befestigen und der Abbildung entsprechend mit gepressten Blüten und Blättern bekleben. Feine Gräser als Fühler ergänzen.

3 Die Zweige auf 9 cm Länge zuschneiden. Vom Nähgarn etwa 80 cm lange Fäden schneiden. Die Enden eines Fadens jeweils an den Anfang und an das Ende eines Zweigs knoten.

4 Die Zweige auf die Körper der Schmetterlinge kleben. Zuletzt kleine Schneckenhäuser als Köpfe fixieren.

Tipp

Mit einigen längeren Ästen können mehrere Schmetterlinge zu einem Mobile zusammengefügt werden.

Waldgeister

Material

- Verzweigte Äste
- Bast in Natur, Orange, Grün
- Bastelfarben in Weiß, Orange, Rot, Hellblau, Blau, Hellgrün, Grün
- Filzstift in Schwarz
- Gartenschere

1 Die Verzweigungen der Äste mithilfe eines Erwachsenen so zurechtschneiden, dass diese stehen können.

2 Sand und lose Rinde mit einer harten Bürste von den Ästen abbürsten.

3 Die Waldgeister der Abbildung entsprechend oder nach eigenen Ideen mit Bastelfarben bemalen. Mit schwarzem Filzstift die Gesichter aufzeichnen.

4 Den Bast mehrmals um eine Hand wickeln und mit einem Faden in der Mitte zu einem Büschel binden. Die Schlaufen aufschneiden. Jeweils ein aufgeschnittenes Bündel als Haare aufkleben.

Tipp

Wer mag, kann noch Arme aus Chenilledraht mit angeklebten Perlen (Hände) ergänzen.

Glückskäfer

Material

- Kieselsteine, ca. 3 – 4 cm groß
- Zweige, ca. 1,5 cm Ø, 18 cm lang
- Moos
- Eierschalen
- Bast in Grün
- Aludraht in Gold, 2 mm Ø
- Bastelfarben in Weiß, Rot, Grün, Blau, Schwarz
- Steinkleber oder Heißkleber
- Seitenschneider

Vorlage 6
Seite 57

1 Die Kieselsteine gründlich säubern und trocknen lassen. Den blau-grünen Käfer aus zwei Kieseln mit Stein- oder Heißkleber zusammenfügen.

2 Von dem Aludraht für jeden Käfer drei 6-cm-Stücke abschneiden und nach der Vorlage 6 formen.

3 Die Beine an die Käferkörper kleben und die Käfer mit den Bastelfarben bemalen.

4 Die Zweige mit Bast aneinanderbinden und mit Kieseln, Moos, Eierschalen und kleinen Zweigen dekorieren. Die Glückskäfer dazusetzen.

Hinweis

Arbeiten mit Steinkleber oder Heißkleber sollten immer von einem Erwachsenen ausgeführt oder beaufsichtigt werden.

Bunte Vögel

Material

- Astscheiben, ca. 5,5 cm Ø, 1 cm dick
- Schaschlikspieße
- Bastelfedern, farbig
- Tonkarton in Gelb
- Filzstift in Schwarz
- Nagelbohrer

Vorlage 7
Seite 57

1 Pro Vogel in den Rand einer Astscheibe mit dem Nagelbohrer ein Loch vorbohren und einen Schaschlikspieß einkleben.

2 Den Schnabel laut Vorlage 7 aus gelbem Tonkarton zuschneiden.

3 Das Schnabelteil entlang der Markierungen knicken und an der Astscheibe der Abbildung entsprechend befestigen.

4 Mit schwarzem Filzstift die Augen aufmalen. Farbige Federn als Flügel und Schwanz ankleben.

5 Die Vogelstecker am besten in einer grünen Pflanze platzieren.

Tipp
Sind keine Astscheiben zur Hand, können auch Holzräder verwendet werden.

Aquarium

Material

- Schraubglas, ca. 10 cm hoch, 7 cm Ø
- Moosgummireste in Gelb, Rot, Hellgrün
- Kleine Kieselsteine
- Nähgarn in Weiß
- Nähnadel
- Filzstift in Schwarz, wasserfest
- Sand (fein)

Vorlage 8
Seite 57

1 Die Fische nach der Vorlage 8 aus Moosgummi zuschneiden und mit dem Filzstift die Augen aufmalen.

2 An dem Bauch der Fische jeweils einen Nähgarnfaden befestigen und das andere Ende an einen größeren Kieselstein knoten (siehe Detailfoto).

3 Einige Grasstreifen aus Moosgummi zuschneiden und auf dem Kieselstein ankleben.

4 Den Kieselstein in das Glas legen und weitere kleine Steine sowie etwas Sand einstreuen. Das Glas mit Wasser auffüllen.

Hinweis

Beim Einfüllen des Wassers werden die Sandkörner aufgewirbelt, deshalb sieht zunächst alles trüb aus. Aber bereits nach einer Stunde ist alles wieder klar.

Muschelschmuck

Material

- Muscheln mit Löchern
- Holzperlen:
  - in Rot, 14 mm Ø
  - in Hellblau, 10 mm Ø
  - in Rot, Blau, je 8 mm Ø
- Wolle in Mittelblau, Blau
- Federn (z. B. kleine Fasanenfedern)
- Korken
- Sicherheitsnadel (am besten mit Kindersicherung)
- Nagelbohrer

Tipp

Um die Perlen in ihrer Position zu halten, am besten Knoten in die Kordel arbeiten.

Kette

1 Aus der mittelblauen Wolle eine 60 cm lange Kordel drehen, der Faden dafür sollte etwa 180 cm lang sein. Den Korken in Scheiben schneiden und mit dem Nagelbohrer mittig durchbohren.

2 Die großen roten Perlen und die Korkscheiben der Abbildung entsprechend auf die Kordel ziehen, die Kordel dafür eventuell in eine dicke Stopfnadel fädeln.

3 Die Muscheln mit blauen Wollfäden in den Zwischenräumen an die Kordel binden. Ebenso die hellblauen Perlen befestigen. Anschließend die Federn mit dem Federkiel in die Bohrung der Perlen kleben.

Anstecknadel

Den Steg der Sicherheitsnadel mit der mittelblauen Wolle umwickeln. Die Enden verknoten und jeweils 5 cm lang stehen lassen. Blaue Perlen auf die Wollenden fädeln und mit einem Knoten sichern. Muscheln und eine rote Perle auf einen blauen Wollfaden fädeln und an die Sicherheitsnadel binden.

Anhänger

Aus der mittelblauen Wolle eine etwa 20 cm lange Kordel drehen, der Faden dafür sollte etwa 60 cm lang sein. Eine Muschel auffädeln und beide Kordelenden durch eine Perle ziehen. Falls die Bohrung der Perle zu eng ist: Die Kordel verknoten, eine Perle auf ein Kordelende ziehen, die Kordel über der Perle verknoten. In die Bohrung der Perle eine Feder einkleben und die Kordelenden verknoten.

Schlenkerfiguren

Material

- Äste, 2 cm Ø (Beine),
  4 cm Ø (Körper)
- Zweige, 1 - 1,5 cm Ø (Arme)
- Astscheiben, 6 - 7 cm Ø
- Korken
- Wolle
- Ringschrauben, 0,9 x 13 mm
- Holzperlen in Rot, 12 mm Ø
- Bast in Natur, Orange
- Bastelfarben in Weiß,
  Schwarz
- Nagelbohrer
- Handsäge mit Sägelade
- Holzleim

1 Für die Köpfe der Figuren jeweils in den Rand einer Astscheibe zwei gegenüberliegende Löcher (oben und unten)
vorbohren und je eine Ringschraube eindrehen. Eine Holz-
perle mit einem Messer halbieren (Erwachsener) und eine
Hälfte als Nase aufkleben. Die Augen und den Mund mit den
Bastelfarben aufmalen.

2 Die Äste und Zweige für Arme, Beine und Körper auf die
gewünschten Längen zusägen. Für die große Figur eine
Astscheibe für den Kragen in der Mitte durchbohren.
Für die kleine Figur ein Aststück und den Korken als Körper
zusammenkleben.

3 Die Arme und Beine an einer Sägefläche mittig vorbohren
und ein Stück Wollfaden einkleben, dabei eventuell mit einem
Zahnstocher das Fadenende hineindrücken.

4 Am Körper oben seitlich für die Arme und an der unteren
Sägefläche für die Beine je zwei Löcher vorbohren und die
Fadenenden der Körperteile einkleben. Oben am Körper
(Sägefläche) mittig ein Loch vorbohren, einen Wollfaden
einkleben (bei der großen Figur vorher den Kragen aufziehen)
und das Ende an die Ringschraube des Kopfes knoten.

5 An die obere Ringschraube einen längeren Bastfaden binden. Einige Bastfäden zu einem Büschel zusammenbinden und
als Haare an der Ringschraube befestigen.

Steintiere

Material

Für alle Figuren

- Kieselsteine in verschiedenen Größen
- Steinkleber oder Heißkleber
- Bastelfarben

Steintiere

- Perle in Rot, 10 mm Ø
- Paketschnurrest
- Gelstift in Weiß

Strandfiguren

- Herzmuschel
- Zweige
- Bast in Natur
- Knopf in Rot, 11 mm Ø
- Bastelfedern in Blau

Hinweis

Arbeiten mit Steinkleber oder Heißkleber sollten immer von einem Erwachsenen ausgeführt oder beaufsichtigt werden.

1 Die Steine mit Wasser und einer Bürste reinigen und trocknen lassen. Die Steine für Körper, Kopf, Ohren und Beine aussuchen und mit Kleber zusammenfügen.

2 Die Tiere mit den Bastelfarben bemalen. Mit dem Gelstift Lichtpunkte auf die Augen setzen und dem Krokodil die Zähne aufmalen.

3 Den Rest Paketschnur auseinanderzwirbeln und einige Fäden als Barthaare für den Hasen und den Seehund ankleben. Eine rote Perle mit einem Messer halbieren (Erwachsener) und eine Hälfte als Nase am Hasen fixieren.

Strandfiguren

1 Die Kieselsteine mit Wasser und einer Bürste reinigen und trocknen lassen. Die Figuren laut Foto oder eigenen Ideen mit Steinkleber zusammenfügen.

2 Mit den Bastelfarben die Körper und Gesichter malen. Einige Bastfäden als Haare und eine Muschel als Hut auf den Kopf des Männchens kleben. Einen roten Knopf am Bauch fixieren.

3 Die Zweige als Füße an dem Vogel befestigen und einige Federn als Schwanz ankleben.

Indianer mit Floß

Material

Indianer

- Aststücke, ca. 2 cm Ø, 5 cm
- Tonkarton in Hautfarbe, Gelb, Rot, Blau
- Wolle in Schwarz
- Zahnstocher
- Perle in Orange, 6 mm Ø
- Bastelfedern, farbig
- Filzstift in Schwarz

Floß

- 9 Weinkorken
- Zahnstocher
- Schaschlikspieß
- Tonkarton in Gelb, 10 x 12 cm
- Tonkarton in Rot, Blau Nagelbohrer

Vorlagen 9 – 12
Seite 57

Indianer

1 Das Gesicht (Vorlage 9) und das Armteil (Vorlage 10) aus Tonkarton zuschneiden. Das Gesicht aufmalen und auf das Aststück kleben. Das Armteil um das Aststück herumlegen und fixieren. Von der Wolle einige Stücke, etwa 7 bis 8 cm lang, schneiden und als Haare oben auf die Schnittfläche der Aststücke kleben.

2 Aus Tonkarton nach Vorlage 11 Streifen zuschneiden und als Stirnband um Kopf und Haare kleben. Eine Feder am Hinterkopf fixieren. Eine Perle auf einen Zahnstocher stecken und einem Indianer als Speer in die Hand kleben, den Arm-streifen dafür an einem Ende umknicken.

Floß

1 Die neun Korken mit Zahnstocherstücken laut Foto ver-binden. Dazu die Korken oben und unten sowie an den Seiten mittig vorbohren. Vom Zahnstocher ein Stück, ca. 2 cm, ab-brechen, in die Bohrung eines Korkens stecken und den nächsten Korken aufstecken. Auf diese Weise alle Korken verbinden.

2 Den mittleren Korken auf der Oberseite vorbohren und einen Schaschlikspieß einkleben. Das gelbe Tonkartonstück (Segel) mit Streifen und Dreiecken aus Tonkarton verzieren (Vorlagen 11, 12). An zwei gegenüberliegenden Seiten mittig je ein Loch einstanzen und das Segel auf den Schaschlikspieß stecken.

Blätterfiguren

Material

Für alle Modelle

- Perle in Orange, 6 mm Ø, oder kleine Beeren
- Filzstift in Schwarz

Wandbilder

- Tonkarton in Hellgrün, Champagner, je 17 x 25 cm
- Tonkarton in Chamois
- 2 Schaschlikspieße
- Paketschnur in Rot
- Gepresste Blätter (z. B. Essigbaum, Hartriegel, Amberbaum, Erle, Spierstrauch)
- Gepresste Blüten (z. B. Hortensie, Ringelblume)

Karte

- Klappkarte in Chamois, 10,5 x 14,5 cm
- Tonkartonrest in Perlweiß
- Gepresste Blätter (z. B. Hartriegel, Akazie, Wein, Spierstrauch)

Vorlagen 13, 14
Seite 57

1 Für jedes Wandbild einen Schaschlikspieß mit gleichem Überstand auf beiden Seiten auf einen Tonkartonzuschnitt kleben.

2 Ein Stück Paketschnur als Aufhängung an den Schaschlikspieß binden.

3 Die Figuren der Wandbilder und die Figur der Karte mit den Blättern und Blüten gestalten.

4 Das Gesicht für das Männchen des Wandbildes nach der Vorlage 13, den Kopf für die Figur der Karte nach Vorlage 14 aus Tonkarton schneiden und aufkleben.

5 Die Perlen mit einem Messer halbieren (Erwachsener) und eine Hälfte als Nase sowie zwei Hälften als Knöpfe aufkleben. Die Gesichter aufmalen.

Maismännchen

Material

Für ein Männchen

- Maiskolben mit Blättern
- Erlenzapfen
- 2 Wackelaugen, 12 mm Ø
- Filz in Rot, Blau oder Lila
- Wolle in Rot

Vorlagen 15 – 17
Seiten 57, 58, 59

1 Die Blätter des Maiskolbens aufblättern und – zusammen mit dem Stiel – unterhalb der Maiskörner abtrennen.

2 Die Maisblätter in zwei Büschel teilen, an den Spitzen mit Wolle zusammenbinden und als Beine um den Maiskolben herum ankleben.

3 Das Hutteil (Vorlage 16; Abb. 1) und die Hutkrempe (Vorlage 17; Abb. 2) aus Filz zuschneiden. Das Hutteil an den Klebeflächen zusammenkleben, trocknen lassen und anschließend wenden (Abb. 3).

4 Das Hutteil auf den Maiskopf setzen und die Hutkrempe vorsichtig darüberziehen.

5 Die Wackelaugen und den Erlenzapfen als Nase aufkleben. Den roten Filzmund nach Vorlage 15 zuschneiden und befestigen.

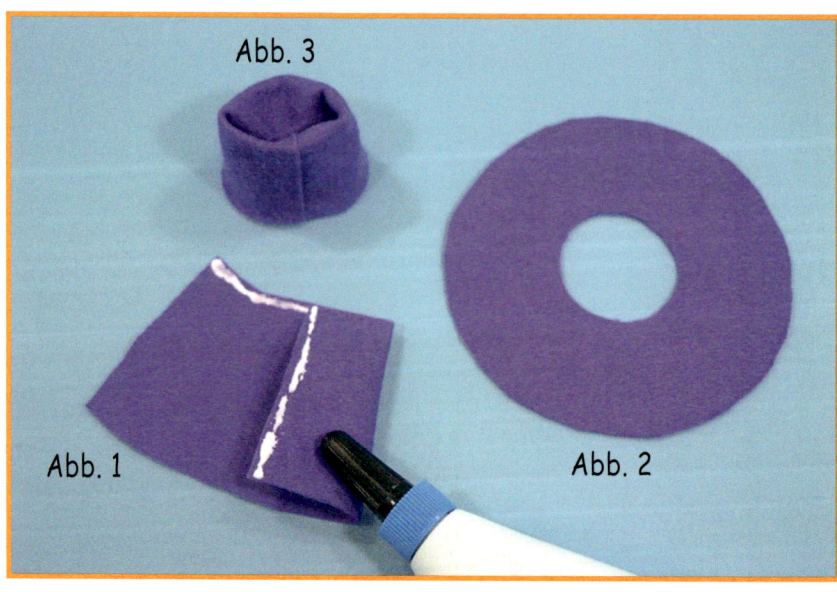

Abb. 3

Abb. 1

Abb. 2

Türschilder

Material

Für beide Schilder

- Baumrinde, je ca. 12 x 24 cm
- 2 Astscheiben, je ca. 2 cm Ø (Augen)

Schild „Lasse"

- Holzspatel, 2 x 15 cm
- 2 Erlenzapfen
- Kieselstein
- Maiskörner
- Bast in Natur
- Lackstift in Blau

Schild „Pia"

- 4 Holzspatel, 1 x 9,5 cm
- 2 Eichelhütchen
- Bucheckernhülle
- Zweig (Hartriegel)
- Paketschnur in Rot
- Lackstift in Rot
- Seitenschneider

1 Für jedes Türschild ein passendes Stück Baumrinde aussuchen und mit einer weichen Bürste säubern.

2 Den Bast oder die Paketschnur mehrmals um eine Hand wickeln, in der Mitte zu einem Büschel binden und die Schlaufen aufschneiden.

3 Die Büschel als Haare ankleben. Auf der Rückseite eine Aufhängeschlaufe anbringen. Die Gesichter mit den gesammelten Materialien gestalten.

4 Für das Türschild „Pia" drei Holzspatel zusammenlegen. Von dem vierten Spatel Stücke schneiden und als Querstreben auf der Rückseite aufkleben. Für das Türschild „Lasse" nur eine Spatel verwenden.

5 Mit den Lackstiften die Namen auf die Holzspatel schreiben und jeweils der Abbildung entsprechend am Gesicht mit Klebstoff befestigen.

Blättergesichter

Material

- Tonkarton in Grün
- Schaschlikspieße
- 2 Wackelaugen, 12 mm Ø (pro Gesicht)
- Große gepresste Blätter (z. B. Hortensie, Tulpenbaum)
- Gepresste Blätter (z. B Ahorn, Wein, Eiche, Amberbaum, Spierstrauch)
- Kiefernadeln
- Ahornflügel
- Erlenzapfen
- Maiskörner
- Kürbissamen
- Hortensienblüten
- Kürbisse (z. B. Hokkaido)
- Klebeband
- Nagelbohrer

Vorlage 18
Seite 58

1 Für jedes Blättergesicht aus Tonkarton die Grundform des Gesichts nach der Vorlage 18 zuschneiden.

2 Einen Schaschlikspieß mit Klebeband an dieser Tonkartonform befestigen.

3 Ein großes Blatt als Gesicht auf den Tonkarton kleben.

4 Für die Augen zwei Blätter als Augenhintergrund aufkleben und die Wackelaugen darauf platzieren.

5 Als Augenbrauen eignen sich Ahornflügel gut. Kleine Blätter oder Zapfen als Nasen befestigen, den Mund mit Samen, Körnern oder Blättern gestalten.

6 Für die Frisur getrocknete Blüten, Blätter oder Kiefernnadeln auf der Rückseite anbringen.

7 Zuletzt Kürbisse (Hokkaido) mit einem Nagelbohrer anbohren und die Blättergesichter einstecken.

34

Einfacher Schmuck

Material

Armbänder
- Kordelgummi, 3 mm Ø
- Perlen in Gelb, Orange, 6 mm Ø
- Kastanien
- Eicheln (Amerikanische Eiche)
- Stopfnadel
- Nagelbohrer

Kette
- Wolle in Rot
- Perlen in Gelb, 6 mm Ø
- Kastanien
- Eicheln (Amerikanische Eiche)
- Doppeltes Eichelhütchen
- 2 Astscheiben, ca. 2 cm Ø
- Stopfnadel
- Nagelbohrer

Ohrringe
- Wolle in Rot
- Perlen in Gelb, 8 mm Ø
- 2 doppelte Eichelhütchen

Armbänder

Die Kastanien oder Eicheln mit dem Nagelbohrer durchbohren. Auf das Kordelgummi mit einer Stopfnadel abwechselnd eine Kastanie (oder Eichel) und eine Perle auffädeln, bis das Armband um das Handgelenk passt. Das Kordelgummi verknoten und die Enden abschneiden.

Kette

1 Aus der Wolle eine 60 bis 80 cm lange Kordel drehen. Dafür muss der Wollfaden etwa dreimal so lang sein. Die Eicheln und Astscheiben mit dem Nagelbohrer durchbohren und im Wechsel mit den Perlen auf die Kordel fädeln, dabei eine Stopfnadel verwenden. Die Kordelenden verknoten.

2 Die Kastanie durchbohren und einen doppelten Faden durchziehen. Auf einer Seite die Wollfäden verknoten und den Stiel eines Eichelhütchens mit in die Bohrung der Kastanie einkleben. Die Wollfadenenden der anderen Seite an die Kordel der Kette binden.

Ohrringe

Aus der Wolle zwei Kordeln, jeweils etwa 25 cm lang, drehen, dabei muss der Ausgangsfaden etwa 75 cm lang sein. Die Enden zur Schlaufe verknoten. Die Eichelhütchen an dem Knoten befestigen und je eine Perle in die Öffnungen der Eichelhütchen kleben. Die Kordelschlaufen über die Ohren hängen.

Kürbisköpfe

Material

- Zierkürbisse in verschiedenen Größen und Formen
- Eichelhütchen
- Tonkarton in Schwarz
- Filz in Weiß, Schwarz
- Bast in Schwarz
- Filzstift in Schwarz

Vorlagen 19 – 25
Seiten 58, 59

1 Die Augen (Vorlagen 19, 20), die Augenbrauen (Vorlagen 21–23) und die Zähne (Vorlage 24) aus Filz zuschneiden und aufkleben.

2 Die Eichelhütchen jeweils als Nasen mit Klebstoff fixieren. Den Mund mit schwarzem Filzstift aufmalen.

3 Die Flügel nach der Vorlage 25 aus schwarzem Tonkarton zuschneiden und jeweils auf der Rückseite der Kürbisse befestigen.

4 Statt Flügel anzukleben, können auch einfach schwarze Bastfäden als Haare um den Stiel eines Kürbisses herumgewickelt werden.

Tipp

Damit die Kürbisköpfe gut stehen, können Styroporhalbkreise mit 7 bis 8 cm Ø als Fuß dienen. Diese mit 2 cm breiten, farbigen Krepppapierstreifen umwickeln und das Ende festkleben.

Kastanienfiguren

Material

Für alle Figuren

- Verschiedene Früchte, z.B. Kastanien, Eicheln, Eichelhütchen, Erlenzapfen, Maiskörner, Ahornflügel, Fruchtstand der Klematis
- Kleiner Baumpilz
- Astscheiben, ca. 18 mm Ø
- Tonkarton in Hellbraun
- 2 Wackelaugen, 5 mm Ø
- Zahnstocher
- Filzstift in Schwarz
- Nagelbohrer

Vorlage 26
Seite 59

Vögel

Die Astscheiben in der Mitte, den Kastanienkörper zweimal dicht nebeneinander vorbohren und Zahnstocher als Beine einkleben. Den Kopf und den Körper ebenso mit einem Zahnstocher verbinden. Weitere Materialien als Flügel, Schwanz oder Kopfschmuck anbringen.

Männchen

In die Kastanie (Körper) jeweils zwei Löcher für die Arme und für die Beine vorbohren und Zahnstocherstücke einkleben. Maiskörner als Hände und Eichelhütchen als Schuhe (vorbohren) ankleben. Als Kopf eine Eichel mit einem Stück Zahnstocher auf der Kastanie befestigen. Einen Fruchtstand der Klematis als Hut und Maiskörner als Kragen anbringen.

Hase

Zwei Kastanien mit einem kurzen Zahnstocherstück verbinden. Zwei Eichelhütchen als Füße und einen Erlenzapfen als Schwänzchen ankleben. Die Ohren nach der Vorlage 26 aus Tonkarton schneiden und am Kopf befestigen, die Wackelaugen aufkleben.

Kleine Tiere

- Tonkarton in Gelb, Grün, Schwarz
- Verschiedene Früchte, z. B. Kastanien, Eicheln, Eichelhütchen
- Zahnstocher
- Wolle in Rot
- Je 2 Wackelaugen, 5 mm Ø (pro Tier)
- Filzstift in Schwarz
- Nagelbohrer

Vorlagen 27 – 29
Seite 59

Frosch

Zwei Streifen für die Beine nach der Vorlage 27 aus Tonkarton zuschneiden und an den Markierungen knicken. Die Streifen in der Mitte über Kreuz legen, fixieren und die Kastanie daraufkleben. Die Wackelaugen und einen roten Wollfaden als Mund anbringen. Die Nasenpunkte mit schwarzem Filzstift aufmalen.

Spinne

Für den Körper zwei Kastanien mit dem Nagelbohrer anbohren und mit einem Stück Zahnstocher verbinden. Die drei Streifen für die Beine nach Vorlage 27 aus Tonkarton zuschneiden und knicken. Die Streifen in der Mitte über Kreuz kleben und den Kastanienkörper darauf befestigen. Die Zähne (Vorlage 28) aus Tonkarton schneiden und ankleben, die Augen fixieren.

Raupe

Die Eicheln an den Seiten mit dem Nagelbohrer anbohren und mithilfe von Zahnstocherstücken zusammensetzen. Kurze Wollfäden in die Zwischenräume am Körper kleben. Ein Eichelhütchen als Mütze fixieren, die Augen ankleben. Aus gelbem Tonkarton vier Streifen nach Vorlage 29 für die Beine zuschneiden, knicken und mit Klebstoff unter den Eicheln am Körper befestigen.

Zimtlichter

Material

Tischlichter

- 2 Astabschnitte, ca. 4,5 cm hoch, 5 cm Ø
- Zimtstangen, ca. 10 cm lang
- 6 Holzperlen, 15 mm Ø
- 3 Eichelhütchen
- Filz in Rot
- Goldkordel, 1,2 mm Ø
- Filzstift in Schwarz
- Teelichter

Kleiner Engel

- Astscheibe, ca. 4 cm Ø
- Perle in Rosa, 6 mm Ø
- Dünne Zweige
- 2 Blätter (Kirschlorbeer)
- Tonkarton in Weiß
- Kordel in Silber, 1,2 mm Ø
- Filzstift in Schwarz

Vorlagen 30, 31
Seite 60

1 Die Astabschnitte auf den Tisch stellen und die Zimtstangen rundherum ankleben. Ein Stück Goldkordel außen herumwickeln und verknoten. Auf einige Zimtstangen verteilt die Holzperlen als Köpfe aufkleben (pro Tischlicht drei Perlen). Mit dem Filzstift Gesichter aufmalen. Bei dem linken Tischlicht drei Eichelhütchen als Mützen anbringen.

2 Für das rechte Tischlicht drei Zipfelmützen aus Filz zuschneiden (Vorlage 30) und entlang einer Kante zur Spitztüte zusammenkleben. Die Zipfelmützen auf die Köpfe kleben. Die Teelichter einsetzen. Beim rechten Tischlicht darauf achten, dass die Spitzen der Mützen nicht nach innen zur Kerze zeigen, denn sonst besteht Brandgefahr.

Kleiner Engel

Den Körper aus Tonkarton zuschneiden (Vorlage 31). Ein Stück Kordel als Aufhängung auf die Spitze der Form kleben, darauf die Astscheibe als Kopf fixieren. Das Gesicht aufmalen. Eine rosafarbene Perle mit einem Messer halbieren (Erwachsener) und eine Hälfte als Nase fixieren.

Von der Kordel einige 8-cm-Stücke schneiden und als Haare um das Gesicht kleben. Den Körper mit dünnen Zweigen bekleben, dabei zwei Zweige als Füße etwas länger stehen lassen. Die Blätter (Flügel) auf der Rückseite ankleben.

44

Streichelzoo

Material

- Aststücke, ca. 2 cm Ø
- Walnüsse
- Haselnüsse
- Tonkarton in Grün, Hell- braun
- Transparentpapier
- Perle in Schwarz, 12 mm Ø
- 2 Perlen in Rot, 10 mm Ø
- Chenilledraht in Blau, 11 cm
- Aludraht in Gold, 2 mm Ø
- Filzstift in Schwarz
- Lackstift in Weiß
- Bastelfarbe in Rot

Vorlagen 32 – 36
Seite 60

Die Walnüsse mit einem Messer entlang der Naht öffnen (Erwachsener) und leeren.

Für die **Maus** Ohren (Vorlage 32) und Schwanz (Vorlage 33) aus Tonkarton schneiden und an einer Walnusshälfte ankleben. Augen und Nase mit Filzstift aufmalen.

Kopf (Vorlage 34) und Beinteil (Vorlage 35) der **Schildkröte** aus Tonkarton schneiden. Augen und Mund mit Filzstift malen. Eine halbe Walnuss auf das Beinteil kleben. Am Hals die Klebelaschen auseinanderbiegen und an den Körper kleben.

Für den **Käfer** eine schwarze Perle mit einem Messer halbie- ren (Erwachsener) und als Kopf an eine Walnusshälfte kleben. Mit dem Lackstift die Augen aufmalen. Die Flügel aus Transparentpapier aufkleben. Drei Beinpaare aus dem Aludraht (Vorlage 37) formen und von unten in die Walnuss- schale kleben (siehe Detailfoto).

Den **Tierwärter** und den **Feuerwehrmann** jeweils aus einem Aststück und einer Haselnuss zusammensetzen. Eine halbe Walnuss als Hut aufsetzen. Das Gesicht aufmalen. Bei dem Tierwärter den Chenilledraht als Arme um den Körper herum ankleben und je eine rote Perle als Hände auf die Enden stecken. Dem Feuerwehrmann eine Hose malen sowie den Helm rot anmalen.

Strohsterne

Material

- Strohhalme in Natur, farbig, je 21 cm lang
- Tonkartonreste in Gelb, Orange, Rot
- Garn in Silber
- Filzstift in Schwarz
- Gelstift in Weiß
- Motivlocher „Stern", klein und Jumbo

1 Für jeden Strohstern zwei große Sterne aus Tonkarton ausstanzen (Jumbolocher) und die Gesichter aufmalen.

2 Vier Strohhalme auf halber Länge durchschneiden und drei dieser Teile nochmals in der Mitte durchschneiden.

3 Je ein langes und ein kurzes Strohhalmstück abwechselnd auf die Rückseite eines Sterns kleben (siehe Detailfoto).

4 Einen doppelten Garnfaden als Aufhängeschlaufe befestigen. Den zweiten Stern auf der Klebestelle fixieren.

5 Wer mag, kann einzelne Strohhalmstrahlen noch mit kleinen ausgestanzten Sternen verzieren.

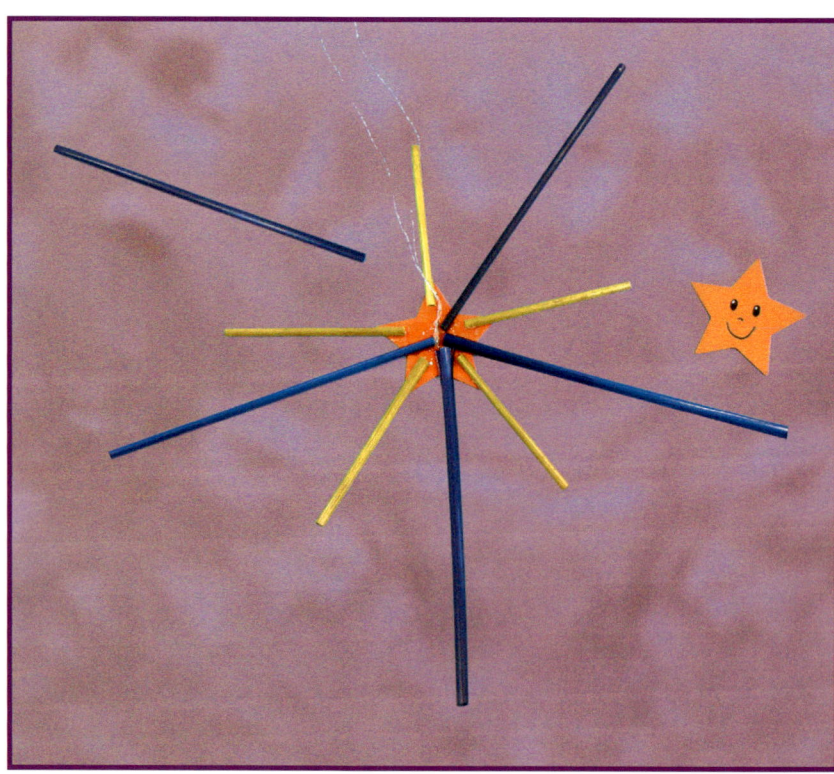

Orangenchor & Co.

Material

- Orangen
- Äpfel
- Wulnusshälften
- Sternanis
- Zahnstocher
- Perlen in Rot, 8 mm Ø
- Tonkarton in Weiß, Gelb, Braun
- Chenilledraht in Gelb, Rot
- Filzstift in Schwarz
- Gelstift in Weiß

Vorlagen 38, 39
Seite 61

1 Die Sterne (Vorlage 38) und die Haare (Vorlage 39) aus Tonkarton zuschneiden. Die Haarteile entsprechend der Markierung am untern Rand dicht nebeneinander mehrmals einschneiden.

2 Auf die Sterne und die Haarteile mittig einen Zahnstocher als Stecker kleben, darauf eine Nussschalenhälfte befestigen. Die Gesichter mit Filzstift malen. Die Perlen mit einem Messer spalten (diese Arbeit sollte ein Erwachsener ausführen) und je eine Hälfte als Nase anbringen.

3 Die Chenilledrähte auf halber Länge durchschneiden, in der Mitte zweimal unter den Nussgesichtern um die Zahnstocher wickeln und die Enden je 1 cm umknicken.

4 Aus dem Sternanis jeweils zwei Zacken herausbrechen und den größeren Teil als Kragen unter dem Sternengesicht ankleben.

5 Für die Chormädchen Notenblätter aus weißem Tonkarton, 3 x 4 cm, zuschneiden, zur Hälfte falten und an die Hände kleben. Die Köpfe in die Äpfel und Orangen stecken.

Weihnachtsmann

Material

- Holzbrett, 18 mm, 14 x 18 cm
- Tannenzapfen
- Kiefernzapfen
- Baumrinde
- Zweig
- Kleiner Baumpilz
- Tonkarton in Gelb
- Holzkugel, 3 cm Ø
- Perle in Rosa, 8 mm Ø
- Filz in Rot
- Kordel in Gold, 1,2 mm Ø
- Synthetikwatte
- Filzstift in Schwarz
- Gelstift in Weiß
- Motivlocher „Stern", klein

Vorlage 40
Seite 61

1 Das Gesicht auf die Holzkugel malen. Eine rosafarbene Perle mit einem Messer halbieren (Erwachsener) und eine Hälfte als Nase ankleben. Die Zipfelmütze nach Vorlage 40 aus Filz zuschneiden, an der Kante zur Spitztüte kleben und auf dem Kopf fixieren. Etwas Watte zwischen den Fingern zu einem Streifen drehen und als Rand um die Mütze kleben. Eine kleine Wattekugel formen und auf der Spitze der Mütze als Bommel fixieren.

2 Den Kopf in die oberen Schuppen des Tannenzapfens kleben und den Zapfen auf dem Holzbrett platzieren. Für den Mantel ein Stück Filz, 7 x 15 cm, zuschneiden, um den Zapfen herumlegen und mit einer Goldkordel festbinden. Aus etwas Watte einen Bart formen und um das Gesicht kleben.

3 Das Teelicht mit einem Streifen Filz, 1,5 x 13 cm, umkleben und in ausreichender Entfernung zum Nikolaus auf dem Brett fixieren. Ein Stück Kordel rundherum binden. Die übrigen Naturmaterialien ergänzen. Einige Sterne mit dem Motivlocher ausstanzen und an den Zweig kleben.

Schneemänner

Material

- Fichtenzapfen
- Astscheiben, 3 – 3,5 cm Ø
- Korken
- Wattekugeln, 3 cm Ø
- Perlen in Orange, 6 mm Ø
- Filz in Hellblau, Hellgrün
- Kordel in Silber, 1,2 mm Ø
- Filzstift in Schwarz
- Bastelfarben in Weiß, Schwarz
- Schaschlikspieße
- Blumentopf mit Sand
- Nagelbohrer

1 Je einen Schaschlikspieß zwischen die Schuppen der Fichtenzapfen stecken. Die Zapfen weiß anmalen und zum Trocknen in den Blumentopf stecken.

2 Den Korken mit einem Messer in 1 cm breite Scheiben schneiden. Je eine Korkenscheibe mittig auf eine Astscheibe kleben und als Hut schwarz anmalen. Die Hüte mit dem Nagelbohrer in der Mitte durchbohren.

3 Erst die Wattekugel und dann den Hut mit einer Stopfnadel auf ein längeres Kordelstück ziehen. Unter der Wattekugel die Kordel verknoten, über dem Hut lang lassen und am Ende zu einer Aufhängeschlaufe knoten. Auf die Wattekugeln die Gesichter malen, die Perlen mit einem Messer halbieren (Erwachsener) und als Nasen ankleben.

4 Den Kopf auf den Fichtenzapfen kleben. Aus Filz einen 1 x 12 cm langen Streifen schneiden und als Schal um den Hals kleben.

Vorlagen

1

2

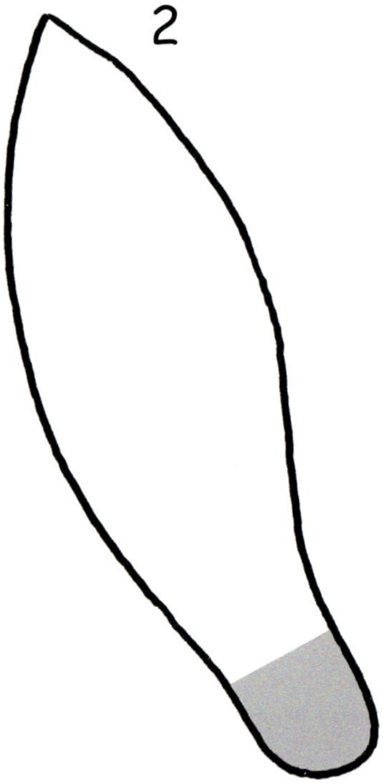

3

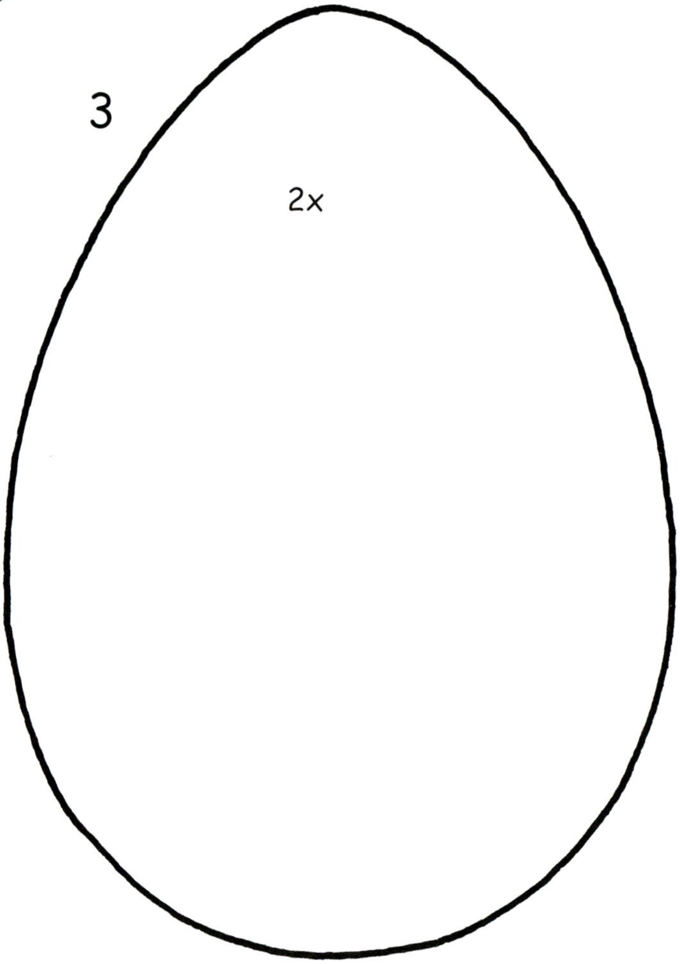

2x

4

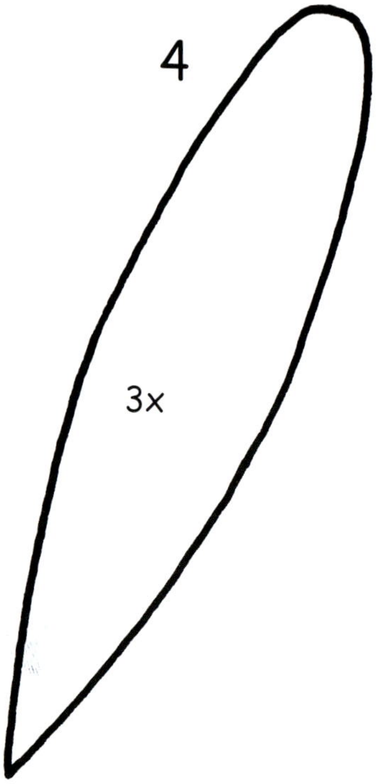

3x

56

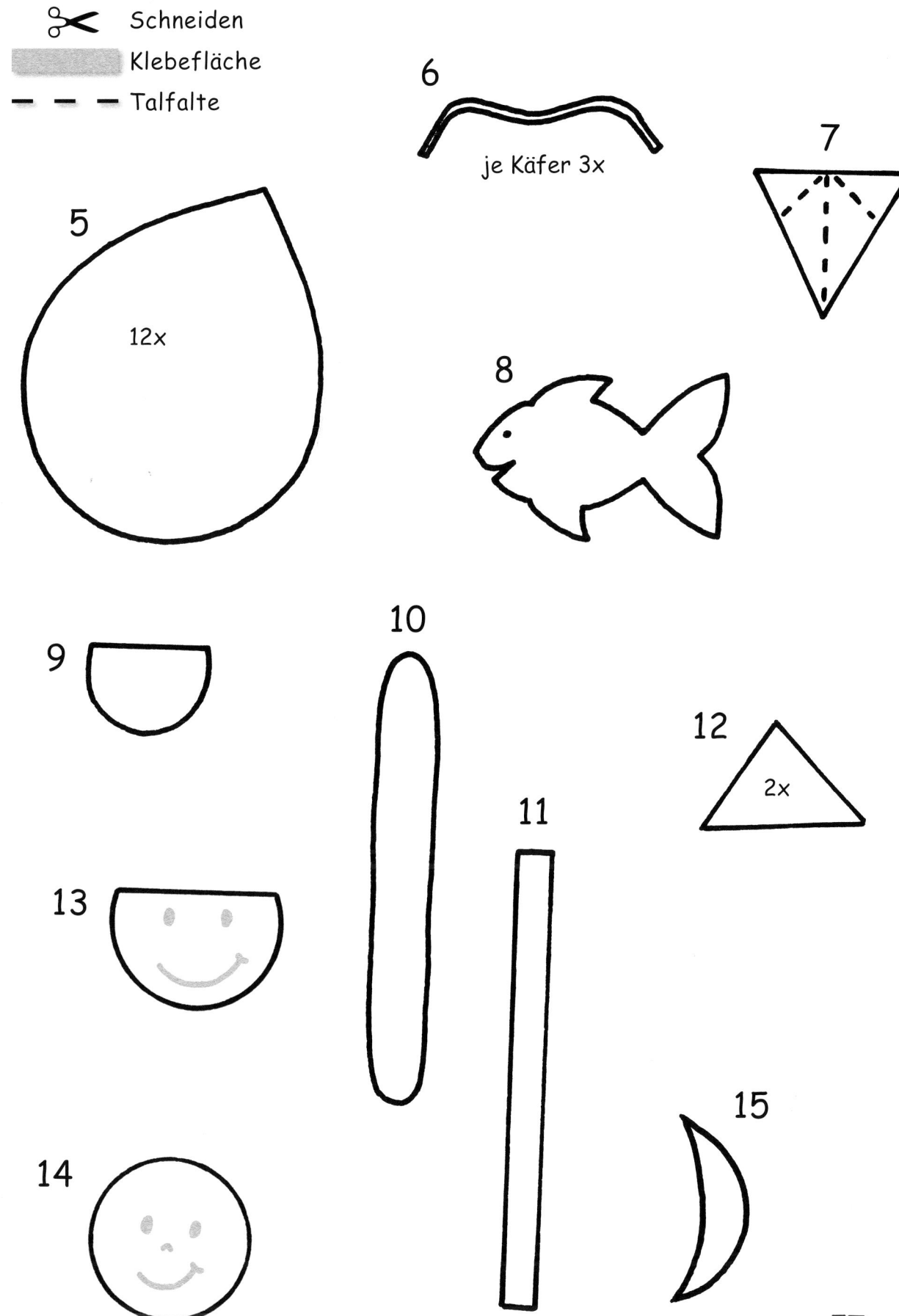

Schneiden

Klebefläche

Talfalte

5 · 12x

6 · je Käfer 3x

7

8

9

10

11

12 · 2x

13

14

15

57

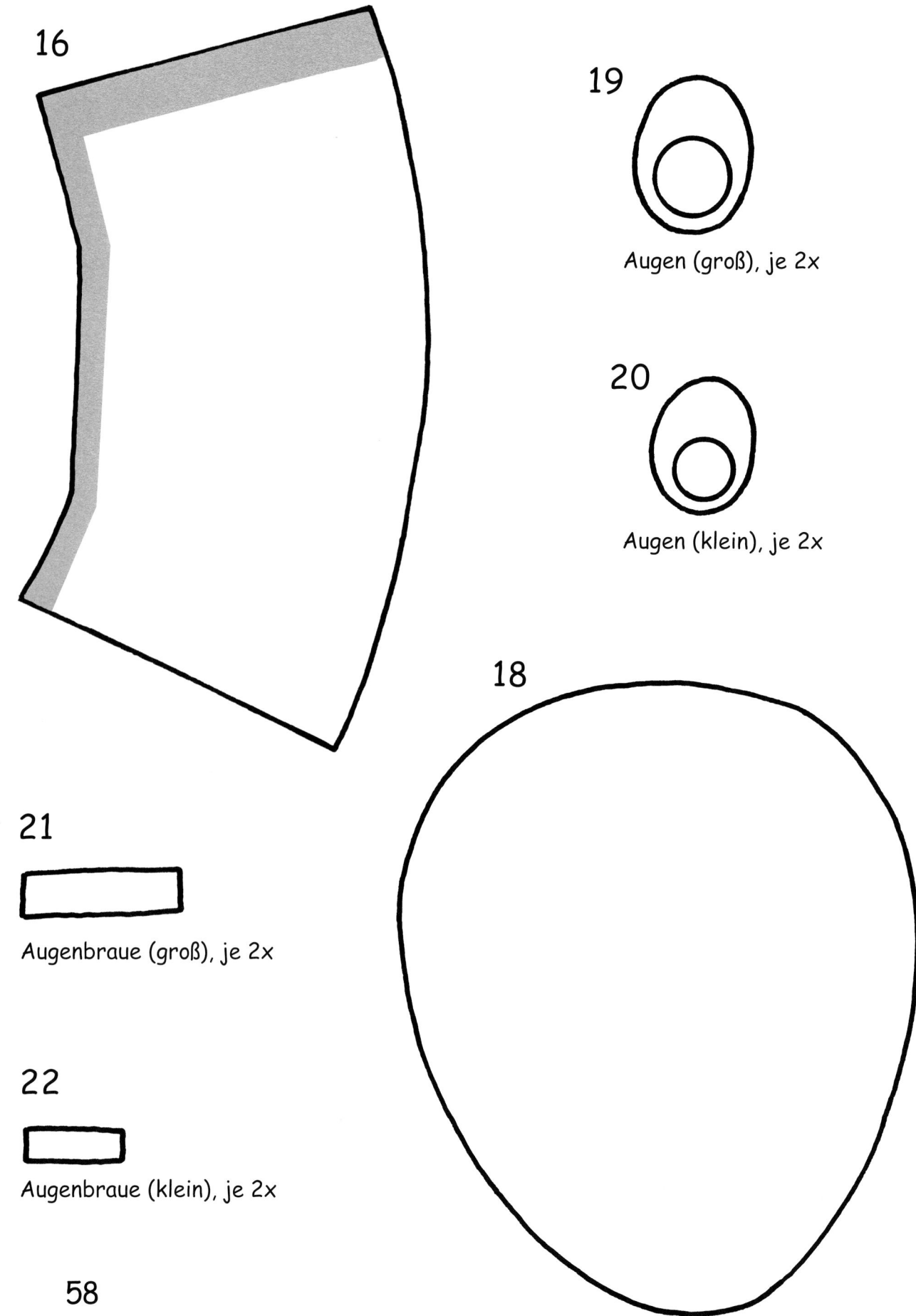

16

19

Augen (groß), je 2x

20

Augen (klein), je 2x

18

21

Augenbraue (groß), je 2x

22

Augenbraue (klein), je 2x

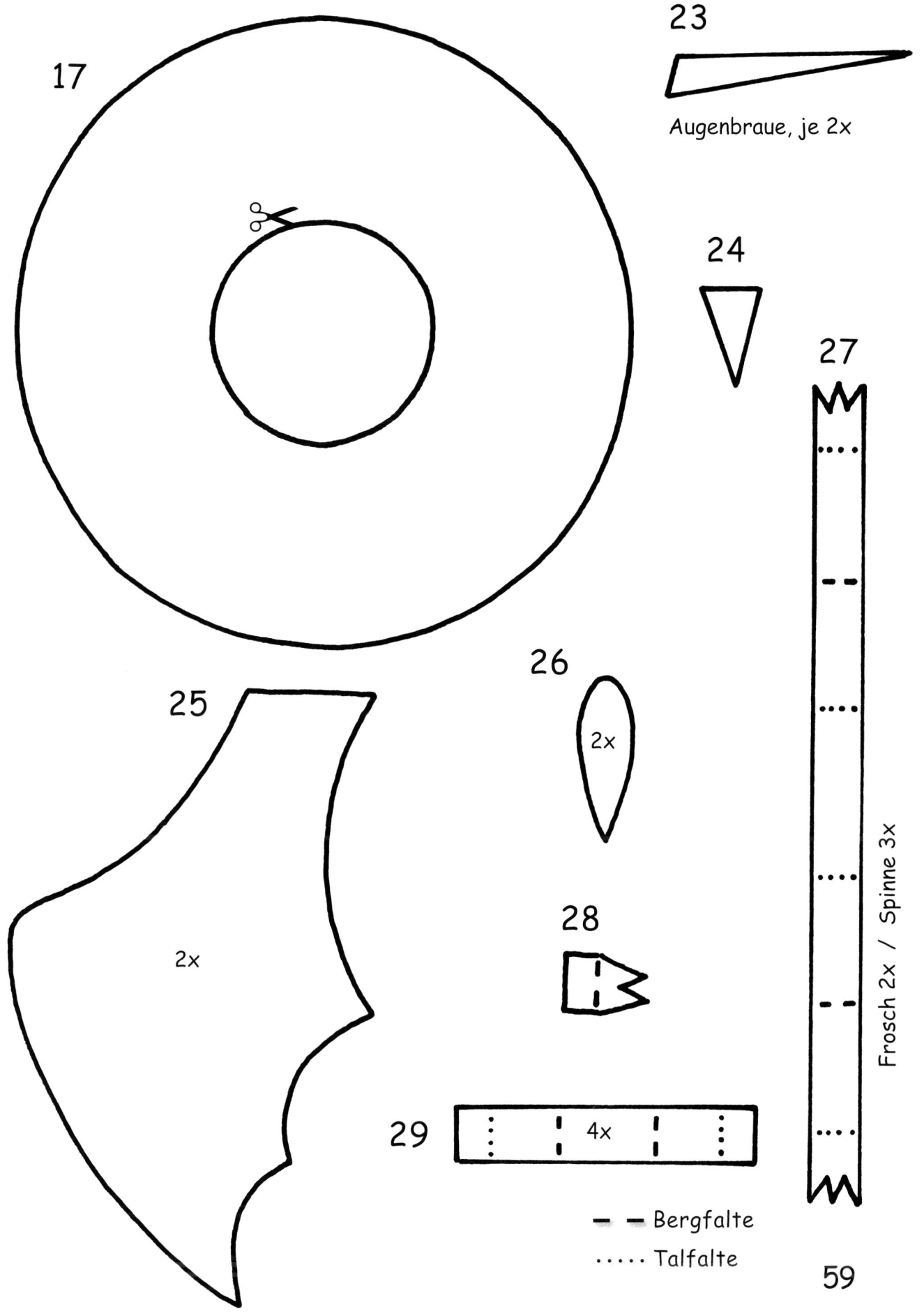

17

23

Augenbraue, je 2x

24

27

26

2x

25

2x

28

29

4x

Frosch 2x / Spinne 3x

— — Bergfalte

..... Talfalte

59

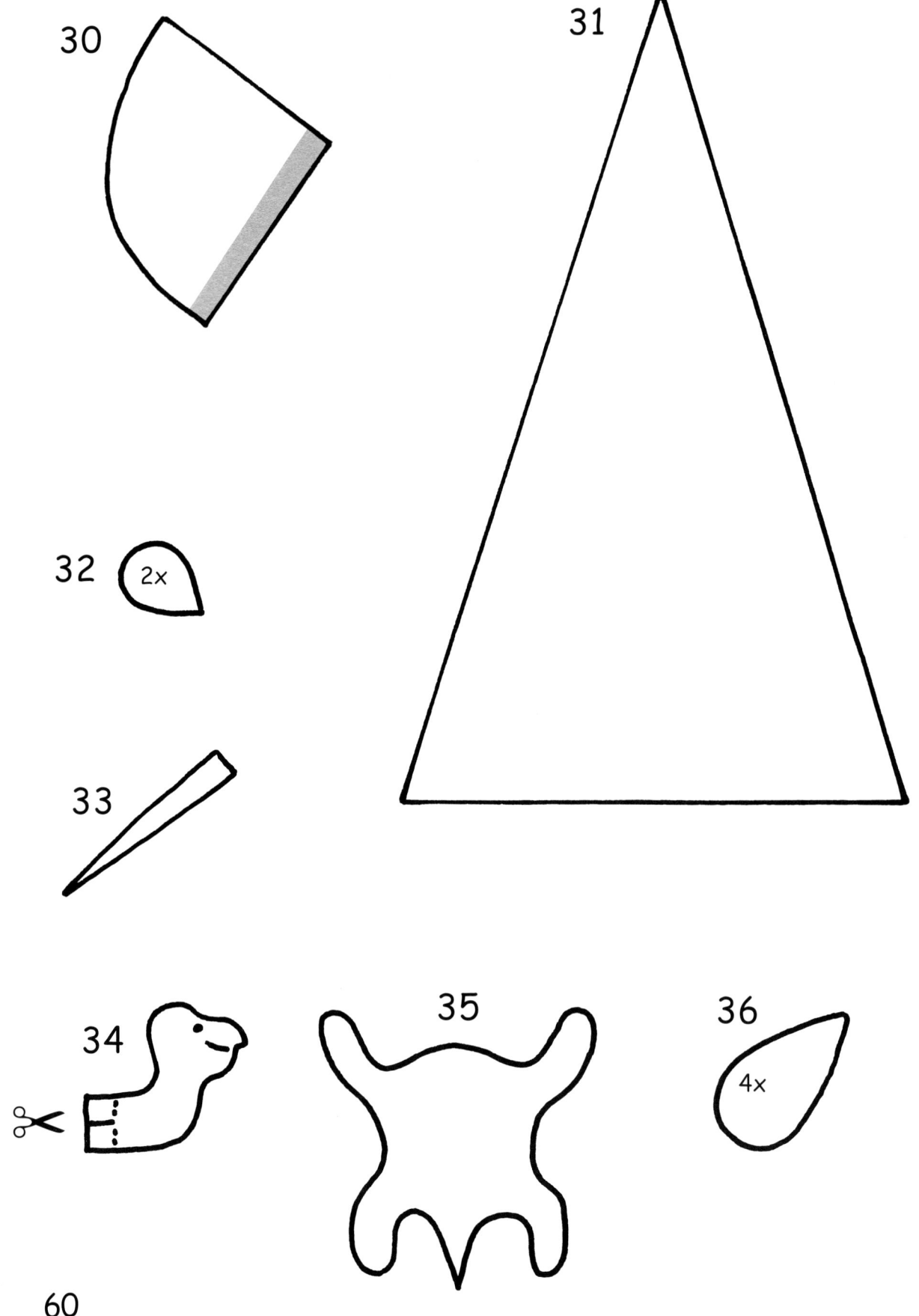

30

31

32 2x

33

34

35

36 4x

37

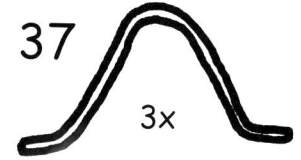

3x

39

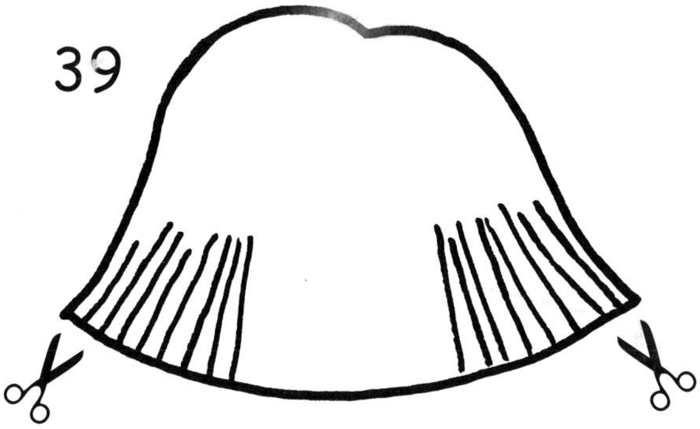

38

40

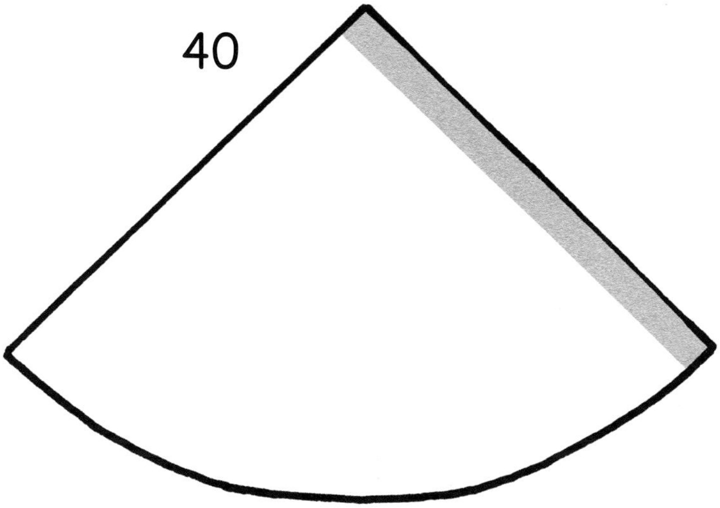

Impressum

© 2011 Christophorus Verlag GmbH & Co. KG,
Freiburg
Alle Rechte vorbehalten

ISBN 978-3-8388-3364-4
Art-Nr. CV3364

Redaktion: Gisa Windhüfel, Freiburg
Fotos & Styling: Roland Krieg, Waldkirch
Arbeitsfotos: Marion Dawidowski, Seiten 18, 30, 46, 48
Satz: Beate Thomas, Karben
Covergestaltung: Yvonne Rangnitt, Bremen
Reproduktion: Meyle & Müller GmbH & Co. KG, Pforzheim
Druck & Verarbeitung: Offizin Andersen Nexö Leipzig GmbH

Kreativ-Service

Sie haben Fragen zu den Büchern und Materialien? Frau Erika Noll ist für Sie da
und berät Sie rund um alle Kreativthemen. Rufen Sie an! Wir interessieren uns
auch für Ihre eigenen Ideen und Anregungen. Sie erreichen Frau Noll per E-Mail:
mail@kreativ-service.info oder Tel.: **+49 (0) 5052/91 18 58** Montag–Donnerstag:
9–17 Uhr / Freitag: 9–13 Uhr

Besuchen Sie uns im Internet: **www.christophorus-verlag.de**